LAS TOPADORAS

Aaron Carr

www.av2books.com

Visita nuestro sitio www.av2books.com e ingresa el código único del libro.
Go to www.av2books.com, and enter this book's unique code.

CÓDIGO DEL LIBRO
BOOK CODE

X414319

AV² de Weigl te ofrece enriquecidos libros electrónicos que favorecen el aprendizaje activo.
AV² by Weigl brings you media enhanced books that support active learning.

El enriquecido libro electrónico AV² te ofrece una experiencia bilingüe completa entre el inglés y el español para aprender el vocabulario de los dos idiomas.
This AV² media enhanced book gives you a fully bilingual experience between English and Spanish to learn the vocabulary of both languages.

Spanish

English

Navegación bilingüe AV²
AV² Bilingual Navigation

CERRAR
CLOSE

INICIO
HOME

OPCIÓN DE IDIOMA
LANGUAGE TOGGLE

CAMBIAR LA PÁGINA
PAGE TURNING

VISTA PRELIMINAR
PAGE PREVIEW

LAS TOPADORAS

CONTENIDO

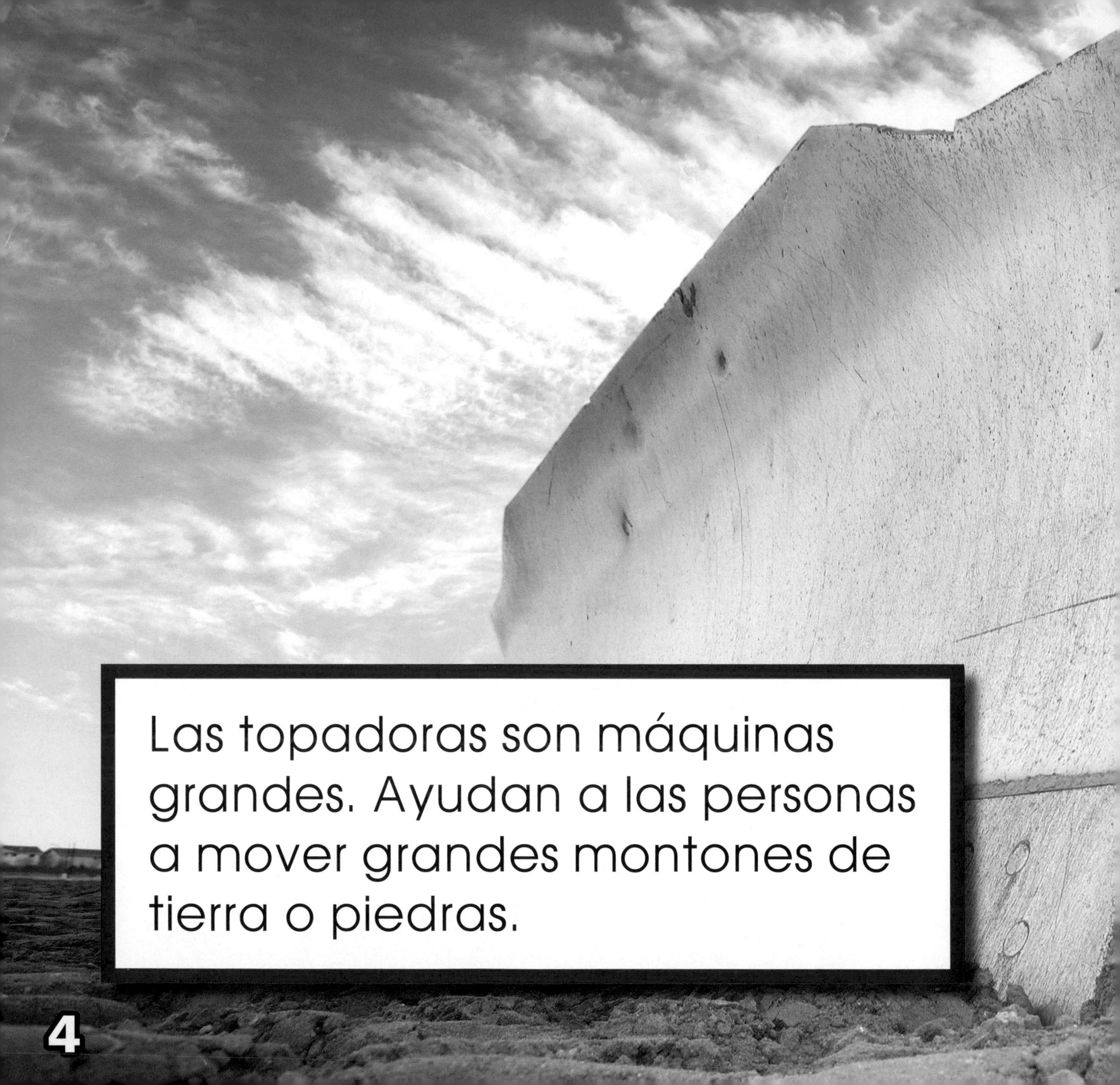

Las topadoras son máquinas grandes. Ayudan a las personas a mover grandes montones de tierra o piedras.

6

Las topadoras son de varios tamaños diferentes.
Las de menor tamaño se usan para trabajos pequeños cerca de construcciones.

D7R

Las topadoras grandes se usan para trabajos de minería. Pueden pesar cerca de 126 toneladas.

La topadora más grande del mundo pesa tanto como 15 autobuses.

Las topadoras pueden romper rocas y empujar piedras gigantes.
Las de mayor tamaño pueden empujar hasta 485.000 libras.

www.digthis.info
CAT
D5G

Una topadora es un tractor con una hoja en el frente. Hay distintos tipos de hojas para realizar distintos trabajos.

La topadora más grande que se construyó medía 60 pies de ancho.

Las topadoras tienen motores muy grandes. Algunas topadoras pueden realizar más trabajo que 1.150 caballos.

Las topadoras que se mueven sobre bandas son llamados topadoras de oruga.

Las orugas trabajan mejor sobre el barro que las ruedas.

18

En ocasiones, las topadoras están cubiertas con un armazón resistente. El ejército usa estas topadoras para hacer rutas y mantener seguros a los soldados.

Las topadoras pueden ser muy peligrosas. Son máquinas grandes y poderosas. Cualquiera que trabaje cerca de una topadora debe tener cuidado.

DATOS SOBRE LAS TOPADORAS

En estas páginas proveen información detallada acerca de los datos interesantes que se encuentran en el libro. Están destinadas a ser utilizadas por adultos como un apoyo de aprendizaje para ayudar a que los jóvenes lectores completen sus conocimientos acerca de cada máquina presentada en la serie *Máquinas Poderosas.*

Páginas 4–5

Las topadoras son máquinas grandes. Las primeras topadoras eran tractores agrícolas a los que se les adaptaban hojas de metal. Una topadora utiliza su hoja para empujar grandes montones de tierra, piedras u otros tipos de residuos. Las topadoras pueden usarse para tapar agujeros nivelar el suelo o para mover objetos pesados. En ocasiones, una topadora tiene un accesorio en la parte trasera que se llama destripador. El destripador tiene varias uñas de metal para excavar y aflojar la tierra fuertemente compactada.

Páginas 6–7

Las topadoras son de varios tamaños diferentes. Las topadoras que se usan en los sitios de construcción suelen ser de tres tamaños: pequeñas, medianas y grandes. El tamaño de la topadora que se utiliza depende del tipo de trabajo y del tamaño del lugar en el que use. Las topadoras más pequeñas pesan el doble de lo que pesa un automóvil promedio. Las topadoras más grandes pueden pesar más de 70 toneladas (64 toneladas métricas). Esto es aproximadamente el mismo peso como seis autobuses.

Páginas 8–9

Las topadoras grandes se usan para la minería. Las topadoras más grandes del planeta se usan en sitios de minería. En ocasiones, a estas topadoras se les llama súper topadoras. La topadora más grande que se usa actualmente es la Komatsu D575A. Pesa más de 126 toneladas (114 toneladas métricas), y su hoja mide 23 pies (7 metros) de ancho. Sin embargo, la topadora más grande que jamás se ha construido es la gigantesca topadora Acco, de 183 toneladas (166 toneladas métricas). Esta poderosa máquina se fabricó en Italia en la década de los ochenta, pero nunca se ha utilizado.

Páginas 10–11

Las topadoras pueden romper rocas. Pueden mover cerca de 200.000 libras (90.000 kilogramos) de material en sólo segundos. Las enormes hojas de las topadoras pueden excavar la tierra, cortar árboles e incluso partir rocas sólidas. La súper topadora Komatsu D575A puede empujar 90 yardas cúbicas (69 metros cúbicos), o 485.000 libras (220.000 kg), de material en una sola vez.

Páginas 12–13

Una topadora es un tractor con una hoja en el frente. El nombre "topadora" se usó por primera vez para referirse a la hoja, pero desde entonces se ha usado para referirse a la máquina completa. Hay tres tipos de hojas de topadora. La hoja recta es corta y rectilínea. Se usa para nivelar el suelo. Las hojas universales son curvas y tienen bordes laterales para que puedan mover más material. Las hojas combinadas son cortas y tienen una pequeña curva ligera y bordes pequeños. Generalmente se usan para mover rocas en las canteras.

Páginas 14–15

Las topadoras tienen motores muy grandes y poderosos. La potencia de un motor se mide en caballos de fuerza. Es la cantidad de trabajo que podría realizar un caballo. La topadora más pequeña tiene un motor de 100 caballos de fuerza. Es aproximadamente lo mismo que el motor de un auto. Las súper topadoras más grandes tienen motores de hasta 1.150 caballos de fuerza. La gigantesca súper topadora Acco tiene dos motores que generan un total de 1.350 caballos de fuerza.

Páginas 16–17

Las topadoras que se mueven sobre bandas son llamados topadoras de oruga. La mayoría de las topadoras tienen oruga, lo que significa que se mueven sobre bandas. Las bandas esparcen el peso de la topadora sobre una superficie más grande. Esto evita que la topadora se hunda en suelos húmedos, lodosos o arenosos. También le da una mejor tracción a la topadora. Esto sucede porque con la banda se hace más contacto con el suelo de lo que sería posible con ruedas.

Páginas 18–19

En ocasiones, las topadoras están cubiertas con un armazón resistente. El ejército usa topadoras armadas para trabajar en áreas peligrosas. En ocasiones, hay basura o autos dañados obstruyendo los caminos en los que trabajan los soldados. Los soldados usan estas topadoras para quitar los objetos de los caminos. Las topadoras armadas también se usan para proteger a los soldados de los ataques de enemigos. Los soldados caminan cerca de la topadora para cubrirse del fuego enemigo.

Páginas 20–21

Las topadoras pueden ser muy peligrosas. Son máquinas enormes que pueden causar lesiones graves. Las personas que trabajan con o cerca de topadoras siempre deben seguir las reglas de seguridad apropiadas. Éstas incluyen usar botas con punta de acero y cascos. Usar ropa reflectante y brillante también ayuda a mantener seguras a las personas. La ropa reflectante hace que las personas sean más visibles para los conductores de las topadoras.

¡Visita www.av2books.com para disfrutar de tu libro interactivo de inglés y español!

Check out www.av2books.com for your interactive English and Spanish ebook!

1. **Entra en www.av2books.com**
   Go to www.av2books.com
2. **Ingresa tu código**
   Enter book code
   X414319
3. **¡Alimenta tu imaginación en línea!**
   Fuel your imagination online!

www.av2books.com

Published by AV^2 by Weigl
350 5th Avenue, 59th Floor New York, NY 10118
Website: www.av2books.com www.weigl.com

Library of Congress Control Number: 2014933112

ISBN 978-1-4896-2162-7 (hardcover)
ISBN 978-1-4896-2163-4 (single-user eBook)
ISBN 978-1-4896-2164-1 (multi-user eBook)

Printed in the United States of America in North Mankato, Minnesota
1 2 3 4 5 6 7 8 9 0 18 17 16 15 14

042014
WEP280314

Project Coordinator: Jared Siemens
Spanish Editor: Translation Cloud LLC
Art Director: Terry Paulhus

Weigl acknowledges Getty Images as the primary image supplier for this title.